Enrique Bambozzi
Gloria Vadori
Eduardo Marzolla
Valeria Venier

Gestión pedagógica

Enrique Bambozzi
Gloria Vadori
Eduardo Marzolla
Valeria Venier

Gestión pedagógica

Aportes desde la investigación educativa

PUBLICACIONES UNIVERSITARIAS ARGENTINAS

Impresión
Informacion bibliografica publicada por Deutsche Nationalbibliothek: La Deutsche Nationalbibliothek enumera esa publicacion en Deutsche Nationalbibliografie; datos bibliograficos detallados estan disponibles en Internet en http://dnb.d-nb.de.

Imagen de portada: www.ingimage.com

Editor: PUBLICACIONES UNIVERSITARIAS ARGENTINAS es una marca comercial de
Südwestdeutscher Verlag für Hochschulschriften GmbH & Co. KG
Heinrich-Böcking-Str. 6-8, 66121 Saarbrücken, Alemania
Teléfono +49 681 3720-271-1, Fax +49 681 3720-271-0
Correo Electronico: info@svh-verlag.de

Publicado en Alemania
Schaltungsdienst Lange o.H.G., Berlin, Books on Demand GmbH, Norderstedt,
Reha GmbH, Saarbrücken, Amazon Distribution GmbH, Leipzig
ISBN: 978-3-8454-6009-3

Imprint (only for USA, GB)
Bibliographic information published by the Deutsche Nationalbibliothek: The Deutsche Nationalbibliothek lists this publication in the Deutsche Nationalbibliografie; detailed bibliographic data are available in the Internet at http://dnb.d-nb.de.

Cover image: www.ingimage.com

Publisher: PUBLICACIONES UNIVERSITARIAS ARGENTINAS
is an imprint of the publishing house
Südwestdeutscher Verlag für Hochschulschriften GmbH & Co. KG
Heinrich-Böcking-Str. 6-8, 66121 Saarbrücken, Germany
Phone +49 681 3720-271-1, Fax +49 681 3720-271-0
Email: info@svh-verlag.de

Printed in the U.S.A.
Printed in the U.K. by (see last page)
ISBN: 978-3-8454-6009-3

GESTIÓN PEDAGÓGICA
APORTES DESDE LA INVESTIGACIÓN EDUCATIVA

Enrique Bambozzi
Eduardo Marzolla
Gloria Vadori
Valeria Venier

Colaboración:
José Luis Belfanti

GESTIÓN PEDAGÓGICA
APORTES DESDE LA INVESTIGACIÓN EDUCATIVA

ÍNDICE

PRÓLOGO: Augusto Pérez Lindo 9

INTRODUCCIÓN 11

CAPÍTULO I - La etapa embrionaria del proyecto 15

CAPÍTULO II - Construyendo la problemática y respondiendo los interrogantes de la investigación: análisis cuantitativo. 25

CAPÍTULO III - Construyendo la problemática y respondiendo los interrogantes de la investigación: análisis cualitativo. 35

CAPÍTULO IV - Gestión Pedagógica y Estrategias de Negociación: El caso de los Directivos de Instituciones Educativas del Nivel Medio Públicas de Gestión Privada de la Zona 6º en la Provincia de Córdoba. *Por José Luis Belfanti* 43

CONCLUSIONES 59

BIBLIOGRAFÍA SINTÉTICA GENERAL 61

Prólogo

Las instituciones educativas son eminentemente ecológicas en el sentido de que dependen de las interacciones con el medio. Al mismo tiempo, tienen fuertes tendencias endogámicas en su cultura organizacional, en el desempeño de los docentes y en las subjetividades que forma. El arte de los directivos escolares consiste en asegurar el pasaje permanente entre lo exterior y lo interior de la escuela, entre la adaptación al medio y las tensiones internas, entre la trascendencia del currículo y la adecuación a las circunstancias.

En este libro se trata de la Gestión Pedagógica en Córdoba. La gestión pretende dotar a las organizaciones de una cierta capacidad de autodeterminación, de autonomía, de autopoiésis como diría Maturana. En una empresa la gestión estratégica se juega en relación con el medio. En la escuela la gestión pedagógica se dirige a la formación de los alumnos, a los procesos de enseñanza y aprendizaje, a las actitudes de los individuos.

El concepto de "gestión pedagógica" que ha venido ocupando mucho lugar en los sistemas educativos de las últimas décadas todavía no ha sido totalmente elucidado. En un principio, desde los años '60 del siglo XX, estuvo asociado con la idea de planificación y administración educativa. Luego en los años '80-'90 estuvo más vinculado con la idea de "gerenciamiento", "evaluación de calidad" y otras cosas. Desde mediados de los '90 comienza a revalorizarse la "función pedagógica" en la medida en que se aprecia que la educación no está simplemente para servir al mercado de trabajo o para adaptar un individuo a la sociedad. Y, por otro lado, comienza a incorporarse otro concepto que estaba ya operando en las organizaciones empresariales: la gestión del conocimiento.

En un nuevo contexto donde lo pedagógico y lo cognitivo cobran mayor centralidad que en otros momentos la educación en nuestro país sigue teniendo como una misión inconclusa la tarea de integrar socialmente a todos los individuos a través de la educación. ¿Cómo administrar las actividades y posibilidades educativas trabajando al mismo tiempo en estas tres dimensiones: la formación pedagógica, la integración social y el desarrollo cognitivo?

En este libro se relatan los esfuerzos de distintos actores por mejorar las instituciones educativas en Córdoba. Este análisis, a su vez, está coordinado por un equipo que ha dirigido el Dr. Enrique Bambozzi para aportar desde la investigación pedagógica algunas orientaciones para la gestión escolar. En este contexto se destaca la función de los directivos escolares pues ellos son los que resienten en particular la triple tensión de la que hablábamos entre lo pedagógico, lo cognitivo, lo social. Finalmente, es a través de una acción eficaz que se resuelven estos y otros desafíos que enfrenta la gestión educativa en Argentina. En realidad, los directivos en nuestros contextos es un individuo multipropósito que se encuentra tironeado permanentemente por diversos problemas que van desde la relación con los alumnos y los padres hasta el funcionamiento de la cooperadora, el currículo o el mantenimiento de la escuela. Buscar el mejoramiento de la organización escolar implica saltar permanentemente de un problema al otro como un canguro.

Comprender la problemática de la gestión pedagógica resulta entonces esencial pues en medio de tantas urgencias y condicionamientos se pierde a veces de vista la misión esencial que ha dado lugar a la creación de la escuela, o sea, educar a los alumnos. Mantenerse aferrados a este propósito constituye el desafío más profundo de los directivos escolares. Porque hay varios objetivos o funciones que compiten con igual o mayor intensidad: la demanda para formar recursos humanos para el mercado, la demanda de atención social y alimentaria de los alumnos, la demanda de contención en reemplazo de los padres, etc.

Como se podrá ver a través de los testimonios que aquí se presentan el mejoramiento de la escuela exige tareas de distinto orden. Mejorar el mantenimiento, incorporar la computadora en el aula, asegurar el funcionamiento del comedor, conseguir materiales audiovisuales, mantener buenas interacciones con los padres, son tareas que están presentes en la gestión escolar. Pero si nos olvidáramos que la escuela tiene que enseñar a convivir, a pensar, a aprender, entonces corremos el peligro de contribuir a la deslegitimación de la escuela. Por eso este libro puede ayudarnos a reflexionar sobre la centralidad de lo pedagógico en medio de todas las funciones que cumple la escuela.

Dr. Augusto Pérez Lindo, Ph.D.,
Director de la Maestría en Gestión y Políticas Universitarias
del Mercosur, Universidad Nacional de Lomas de Zamora.

Introducción

Este escrito actualiza el itinerario realizado en el marco de un proyecto y una práctica de investigación que tuvo como primeros protagonistas a un equipo de docentes y de apoyo técnico de la Licenciatura en Ciencias de la Educación de la Investigación Universidad Nacional de Villa María a partir del Proyecto de denominado: Gestión Pedagógica y Estrategias de Negociación en el Nuevo Escenario Latinoamericano: el caso de los directivos de nivel medio de la Provincia de Córdoba. El equipo, dirigido por Enrique Bambozzi, estaba integrado por el Dr. Eduardo Marzolla, la Lic. Gloria Vadori y la Prof. Valeria Venier.

Decimos actualiza porque en esta edición revisada y ampliada del primer trabajo[1], se incluye el trabajo del Lic. José Luis Belfanti quien prosiguió en la profundización de la problemática de la investigación original y que se plasma en el texto que incluimos denominado *"Gestión Pedagógica y Estrategias de Negociación: El caso de los Directivos de Instituciones Educativas del Nivel Medio Públicas de Gestión Privada de la Zona 6º en la Provincia de Córdoba"*, siendo una síntesis de su trabajo final de grado para obtener el título de Licenciado en Gestión de la Educación. En este trabajo, el lector podrá apreciar cómo categorías desarrolladas en la primer parte del escrito, aquí ampliadas, son puestas en tensión en el trabajo de Belfanti dando forma a un aporte sustantivo al campo de la investigación en gestión directiva ampliando la temática a instituciones públicas de gestión privada.

Esta investigación se propuso "desde la voz de los directivos", problematizar las palabras –dichas y escritas -, de los otros siendo fieles a sus sentidos y significados.

En nuestro caso, esas voces provinieron de Directores de escuela media de gestión estatal (polimodal o ciclo de especialización) de la Provincia de Córdoba en el intento de capturar aquellas acciones que ellos mismos procuraban para obtener –siguiendo el marco teórico de Bourdieu -, bienes materiales y/o simbólicos.

---

1 BAMBOZZI, E.; MARZOLLA, E.; VADORI, G. y VENIER, V. *Gestión Pedagógica en la Provincia de Córdoba. Aportes desde la investigación educativa.* Universidad Nacional de Villa María, Ediciones del IPACH, 2008.

En este sentido, decidimos utilizar la categoría estrategia (también pensamos en la categoría competencia) con el objetivo de enfatizar la acción intencional del agente –en nuestro caso el directivo-, para demostrar, hacer visible que este actor es tal porque, entre otras cosas, pone en juego acciones tendientes a posicionar a su agencia en "otro lugar".

Asimismo, la investigación intenta dar cuenta de que "con los recursos del Estado no alcanza" y que el Director –para poder llevar adelante aspectos del proyecto institucional–, necesita el concurso de otros bienes (externos a la institución).

La estructura del trabajo responde al itinerario realizado comenzando con un esbozo del proyecto de investigación, el marco teórico producido, la explicación de la metodología de trabajo y las conclusiones obtenidas.

Sigue en pie nuestro agradecimiento, de una manera muy especial, a la Lic. María Teresa Azuaga (Subinspectora General de la Dirección de Educación Media, Especial y Superior del Ministerio de Educación de la Provincia de Córdoba) quien entendió la sustantividad del proyecto y nos abrió las puertas para este trabajo. Sin su ayuda, este trabajo no hubiera sido posible. También nuestro agradecimiento a la Lic. Sandra Ozán, de la misma repartición pública, quien ofició como vocera de nuestras inquietudes y sin su trabajo y ayuda técnica-pedagógica, este trabajo no hubiera podido realizarse. También nuestro agradecimiento a las autoridades de la Universidad Nacional de Villa María, especialmente a las autoridades y colaboradores tanto del Instituto de Investigación del Rectorado como así también del Instituto Académico Pedagógico de Ciencias Humanas.

A todos los directivos que –en medio de sus múltiples tareas-, accedieron a completar nuestros formularios, responder a nuestras preguntas y elaborar trabajos. Gracias a ellos que nos permitieron entender, un poco más, la problemática de la gestión directiva.

La primera edición de este trabajo fue discutida en numerosos eventos académicos, talleres y espacios curriculares; lecturas críticas, sugerencias, aportes fueron llegando desde diversos escenarios lo que nos permitió seguir profundizando algunos aspectos de la gestión. Durante los años 2008 y 2009 parte de este equipo y nuevos integrantes seguimos investigando la problemática de las competencias o desempeños que generan las culturas institucionales de las escuelas medias y cómo estas competencias gravitan en el tránsito de los alumnos hacia la educación superior. Como resultado de esta investigación, la Editorial de la Universidad Nacional de Villa María publicó el texto *Competencias Genéricas: la escuela media más allá de las disciplinas* que en la actualidad es discutido en nuevos eventos académicos y que dio origen a nuestra actual investigación Educación y Democracia: discursos y prácticas.

El hacer público lo que investigamos y producimos nos anima a seguir apostando para que los resultados de la producción de conocimiento en el ámbito de la educación contribuyan a la conformación de Políticas Públicas de Inclusión.

Capítulo 1

La etapa embrionaria del proyecto

Todo itinerario de investigación inicia su derrotero a partir de una serie de problematizaciones que encuentran su filiación en el ámbito de una trayectoria académica que es fruto del trabajo que una persona o grupo van adquiriendo como consecuencia del ejercicio del oficio. En otros términos, la producción del conocimiento se hace en el marco de una historia, lenguajes, tradiciones.

Este es el caso de esta investigación: un grupo de colegas provenientes de campos disciplinares diversos, pero atravesados por la problemática educativa, unió conocimientos y trayectorias para indagar de manera crítica y propositiva, algunas cuestiones vinculadas a la gestión en las instituciones educativas.

En el proyecto de investigación, etapa embrionaria de nuestra apuesta, que fue revisado y aprobado por colegas académicos de Universidades Públicas de Gestión Estatal, sosteníamos que el contexto de generación de este proyecto se vincula, por un lado, con aspectos macro-estructurales de las Políticas de Reforma y Transformación Educativa en los noventa en América Latina y, por otro lado, con aspectos micro-situacionales ligados a trabajos realizados desde el campo pedagógico y vinculados a la gestión directiva.

El estudio de los efectos de las transformaciones estructurales en los escenarios institucionales de las escuelas y en la voz de sus directivos, entendemos que es un espacio abierto a las investigaciones que intentan analizar aquellos efectos en las propias prácticas y concepciones de los agentes responsables de la gestión.

Nos interesaba -entre estas modificaciones-, aquellas que tienen relación con la posibilidad del director de entablar negociaciones con distintas agencias posibilitando así la consecución de bienes de distinta naturaleza.

En términos de construcción de la problemática, podíamos sostener que la idea de negociación entre escuela y fuerzas productivas tiene su historia, en primer término, en la articulación de las Universidades con empresas, no sólo para la consecución de recursos financieros sino también de otro tipo de recursos como son pasantías, laboratorios, etc., prácticas que generaron un intenso debate en torno a la autonomía de la Universidad, la invasión de lo público por el mercado, etc..

En segundo término, esta discusión se instala en el Nivel Medio con la posibilidad, básicamente, de la obtención de pasantías, lo que originó un debate en torno a "la mano de obra barata" y otras consecuencias.

Si bien este debate lo encontramos también instalado en el primer nivel del sistema educativo (Nivel Inicial y EGB 1 y 2 -Educación General Básica-), decidimos –oficio y trayectoria- focalizar nuestra investigación en los directivos del Nivel Medio (Tercer Ciclo EGB y Polimodal).

Entre los antecedentes, es clave el trabajo con directivos de EGB 1 y EGB 2 en el marco del Seminario - Taller de Formación Docente "La Pedagogía en la Escuela" (setiembre - octubre 2002 y setiembre - octubre 2003) del que participaron los directivos de las escuelas municipales de la ciudad de Córdoba y cuyo eje era profundizar, desde un marco pedagógico, la dimensión formativa de las instituciones educativas y el debate en torno a que la presencia de la pedagogía en la escuela radicaba en el proyecto pedagógico como espacio que posibilitaba la vigilancia en las intencionalidades formativas de la institución.[1]

En este espacio de debate, surgieron los interrogantes acerca de los nuevos papeles o "roles" demandados a los directivos al tener que negociar algunas cuestiones referidas a la obtención de recursos económicos y culturales que entendían como una esfera de absoluta responsabilidad del Estado. Este debate se enriqueció, a posteriori, con directores de otros niveles del sistema educativo de escuelas de gestión oficial y, como última instancia, con los supervisores de distintos lugares de la Provincia de Córdoba.

Asimismo, parte de estas conclusiones fueron discutidas en seminarios con directivos en México, Venezuela y Perú; lo que permitiría a futuro incurrir en análisis comparativos.

El debate y el nivel de interrogación surgidos nos llevaron a pensar en la posibilidad de radicar una investigación tendiente a tematizar estas inquietudes; campo de interrogación en el que abundan discursos genera-

1 Cfr. Revista *Diálogos Pedagógicos*. Año I, Nº 1. EDUCC, Córdoba, 2003. Pág. 43-45.

les que no avanzan en la construcción de una nueva propuesta de gestión pedagógica y pública

Así las cosas –dichas y hechas-, el problema de la investigación quedó definido en los interrogantes:

- ¿Incorporan los directivos de las escuelas de nivel medio de la Provincia de Córdoba estrategias de negociación con distintas agencias a los fines de obtener bienes materiales y simbólicos?
- ¿Cómo incide la incorporación de estrategias de negociación con distintas agencias en la obtención de bienes materiales y simbólicos en la gestión de los directivos de las escuelas de nivel medio de la Provincia de Córdoba en sus decisiones respecto de las intencionalidades pedagógicas de la escuela?
- ¿Qué razones adjudican los directivos de nivel medio de la Provincia de Córdoba para incorporar estrategias de negociación con distintas agencias para obtener bienes materiales y simbólicos?

Entre los objetivos generales, seleccionamos:

- *Identificar* estrategias de negociación utilizadas por los directivos de las escuelas de nivel medio de la Provincia de Córdoba con distintas agencias para obtener bienes materiales y simbólicos.
- *Analizar* la incidencia de la incorporación de dichas estrategias de negociación en la gestión de los directivos de las escuelas de nivel medio de la Provincia de Córdoba.
- *Diseñar e Implementar* un Programa de Formación en Gestión Pedagógica para Directivos.

Entre los objetivos específicos, seleccionamos:

- *Caracterizar* las estrategias de negociación utilizadas por los directivos.
- *Identificar* las características de las agencias proveedoras de bienes materiales y simbólicos elegidas por los directivos.
- *Especificar* los bienes obtenidos por los directivos en su gestión.
- *Señalar* la incidencia en la gestión directiva (dimensión pedagógica-didáctica; dimensión comunitaria y dimensión orga-

nizativa-administrativa) de la incorporación de estrategias de negociación.

Por el nivel de interrogación expuesto, el tipo de investigación fue definido como exploratoria – descriptiva utilizando, en la parte metodológica, encuestas semi-estructuradas, Análisis Documental y Talleres con Directivos mientras que como complemento cuantitativo, se optó por procesar parte de la información en SPSS siendo nuestra unidad de análisis, directivos de escuelas públicas de nivel medio gestión estatal de la provincia de Córdoba.

El primer acercamiento con la Unidad de Análisis: que no es nada fácil.

Siendo coherentes con el posicionamiento asumido, la primer tarea fue la elaboración del cuestionario semi estructurado que posibilitaría la obtención de nuestra primer información. Para tal fin, se elaboró la primer versión del instrumento que se administró, (Instrumento 1) a modo de pre-test a directivos de escuelas medias de gestión estatal y privada, se entrevistó a 6 de ellos para dialogar sobre el instrumento y las dificultades que habían surgido para introducir las modificaciones pertinentes, las cuales fueron discutidas nuevamente para lograr un consenso. Cuando este consenso fue alcanzado, recién en esa instancia fueron incorporadas las modificaciones que conformaron el instrumento definitivo (Instrumento 2).

INSTRUMENTO 1

CUESTIONARIO ELABORADO EN PRIMERA INSTANCIA Y ADMINISTRADO COMO PRE-TEST

UNIVERSIDAD NACIONAL DE VILLA MARÍA

INSTITUTO ACADÉMICO PEDAGÓGICO DE CIENCIAS HUMANAS

TITULO DE LA INVESTIGACIÓN: Gestión pedagógica y estrategias de negociación en el nuevo escenario latinoamericano: el caso de los directivos del nivel medio en la provincia de Córdoba.

Equipo de Investigación.
Dr. Enrique Bambozzi
Dr. Eduardo Marzolla
Lic. Gloria Vadori
Prof. Valeria Venier

El objetivo de este cuestionario es recabar información sobre algunos aspectos que hacen a la tarea directiva, específicamente, aquellos relacionados a los recursos que obtiene un directivo para llevar adelante los proyectos que hacen a la vida de la institución educativa. En este caso, se requiere información sobre los recursos que no son aportados por el estado de manera corriente y que el directivo debe gestionar por iniciativa propia. El instrumento es anónimo y la información recabada será la base para diseñar un programa de formación en gestión directiva.

Consigna: marque con (X) lo que corresponda

1.- Institución Educativa: gestión estatal () gestión privada ()

2.- Cargo: Director-a () ViceDirector-a ()

3.- Carácter del cargo: Titular () Interino ()

4.- Antigüedad en la Docencia (en años):________

5.- Antigüedad en el Cargo (en años): ___________

6.- A la hora de llevar adelante el proyecto educativo de la institución: además del trabajo cotidiano del personal docente y no docente, por un lado, y de los recursos ordinarios que recibe del Estado (sueldos del personal docente y no docente, etc.)

6.1. ¿Qué otro tipo de recursos consigue? (marque con una X)

- ayudas económicas (donaciones) ()
- materiales didácticos()

- materiales de construcción (ladrillos, chapas, etc.) ()
- mobiliario (bancos, mesas, etc.) ()
- alimentos ()
- vestimenta ()
- otros (especificar):

6.2 . ¿Consigue algún tipo de? (marque con una X)

- auspicio ()
- convenio ()
- publicidad ()
- otros (especificar)

6.3. ¿Cómo los gestiona? (marque con una X)

- de manera personal ()
- lo delega (en un equipo, en una persona del equipo) ()

6.4. ¿Qué estrategias utiliza? (marque con una X)

- llama por teléfono ()
- envía cartas solicitando lo que necesita ()
- envía e-mails (correos electrónicos) ()
- visita personalmente ()
- otros: (especificar):

7.- ¿ A quién solicita estos recursos? (marque con una X)

- particulares ()
- asociaciones civiles (clubes, sociedades de fomento, etc.) ()
- bancos ()
- empresas ()
- otros (especificar) ()

INSTRUMENTO 2

CUESTIONARIO DEFINITIVO

UNIVERSIDAD NACIONAL DE VILLA MARÍA

INSTITUTO ACADÉMICO PEDAGÓGICO DE CIENCIAS HUMANAS

TITULO DE LA INVESTIGACIÓN: Gestión pedagógica y estrategias de negociación en el nuevo escenario latinoamericano: el caso de los directivos del nivel medio en la provincia de Córdoba.

Equipo de Investigación.
Dr. Enrique Bambozzi
Dr. Eduardo Marzolla
Lic. Gloria Vadori
Prof. Valeria Venier

El objetivo de este cuestionario es recabar información sobre algunos aspectos que hacen a la tarea directiva, específicamente, aquellos relacionados a los recursos que obtiene un directivo para llevar adelante los proyectos que hacen a la vida de la institución educativa. En este caso, se requiere información sobre los recursos que no son aportados por el estado de manera corriente y que el directivo debe gestionar por iniciativa propia. El instrumento es anónimo y la información recabada será la base para diseñar un programa de formación en gestión directiva.

Consigna: marque con (X) lo que corresponda

1.- Institución Educativa:

Primera Categoría () Segunda Categoría () Tercera Categoría ()

2.- Ubicación Geográfica de la Institución Educativa:

3.- Cargo:

Director-a () ViceDirector-a ()

4.- Carácter del cargo:

Titular () Interino () Suplente () Precario ()

5.- Antigüedad en la Docencia (en años):__________

6.- Antigüedad en el Cargo (en años): __________

7.- A la hora de llevar adelante el proyecto educativo de la institución: además del trabajo cotidiano del personal docente y no docente, por un lado, y de los recursos ordinarios que recibe del Estado (sueldos del personal docente y no docente, etc.)

7.1. ¿Qué otro tipo de recursos consigue? (marque con una X)

- ayudas económicas (donaciones, subsidios) ()
- materiales didácticos ()
- materiales de construcción (ladrillos, chapas, etc.) ()
- mobiliario (bancos, mesas, etc.) ()
- alimentos ()
- vestimenta ()
- otros (especificar):

7.2 . ¿Consigue algún tipo de? (marque con una X)

- auspicio ()
- convenio ()
- publicidad ()
- otros (especificar)

7.3. ¿Cómo los gestiona? (marque con una X)

- de manera personal ()
- en equipo de trabajo ()
- con la Mesa de Gestión ()
- lo delega (a un equipo, a una persona del equipo) ()

7.4. ¿Qué estrategias utiliza? (marque con una X)

- llama por teléfono ()
- envía cartas solicitando lo que necesita ()
- envía e-mails (correos electrónicos) ()
- presenta proyectos ()
- visita personalmente ()
- otros: (especificar):

8.- ¿ A quién solicita estos recursos? (marque con una X)

- particulares ()
- asociaciones civiles (clubes, sociedades de fomento, etc.) ()
- bancos ()
- empresas ()
- organismos gubernamentales (otros ministerios, secretarías del estado, etc.)
- otros (especificar) ()

Selección de muestra. Contactos institucionales (directivos y supervisores)

Una primer lección para nosotros como investigadores fue la dificultad de articular los tiempos "pedagógicos – administrativos" (vinculados no sólo con las fechas de presentación de los proyectos sino los de su aprobación) con los "tiempos de las instituciones educativas". En este sentido, hemos aprendido que no cualquier tiempo es oportuno para iniciar una actividad con interlocutores –en este caso directivos- que en el mes de setiembre – como fue nuestro caso de aprobación del proyecto – se encuentran "piloteando" la primavera juvenil y que al ser convocados, aducían que por "la altura del año y la complejidad que en esa etapa, adquiere el nivel medio", los volviéramos a llamar en el inicio del año siguiente.

En el inicio del 2007 , el equipo de investigación logró entrevistarse y presentar el proyecto ante autoridades de la Dirección de Educación Media, Especial y Superior dependiente del Ministerio de Educación de Córdoba quienes reconocieron la significatividad del mismo y autorizaron la administración del cuestionario en la casi totalidad de la Inspección Zona Capital: esta autorización superó en cantidad y calidad lo previsto inicialmente en el proyecto pasando de 26 a 45 directivos.

En cuanto a la administración de los cuestionarios a los directivos, por intermedio de la Subinspección General de la Dirección de Educación Media, Especial y Superior se enviaron la totalidad de los cuestionarios a los directivos obteniendo el 100% de las respuestas.

Construyendo la problemática y respondiendo a los interrogantes de la investigación: categorías teóricas.

En la introducción sostuvimos que el marco teórico al cual hacíamos referencia era el esquema de análisis proporcionado por Pierre Bourdieu a la hora de explicar las prácticas sociales.

Desde la propia definición de gestión educativa ingresamos en una lectura relacional de esta problemática ya que la práctica de la gestión se inscribe en un contexto socio – político – cultural mayor que nos permite entender a la realidad no "como algo dado" sino como una "construcción social". En este sentido, además de definir a las instituciones educativas como espacios sociales, la propia realidad en la cual se encuentran insertas es por definición un espacio social en permanente construcción.

Esta mirada topográfica de la realidad y de las instituciones que la conforman, nos permitió percibir una dinámica institucional diferencial –particular a cada institución-, vinculada a una praxis específica que es la de la gestión: en otros términos, percibimos según el marco teórico asumido que ante el interrogante sobre la diferencia entre instituciones educativas, las distintas praxis de gestión darían una respuesta a aquel interrogante.

En este sentido, ingresamos en la necesidad de especificar esta categoría praxis con la categoría estrategia, lo que nos permitía acentuar el carácter intencional de aquélla.

El uso de la categoría estrategia –cuando referimos a las estrategias que utiliza el directivo- da cuenta de un uso intencional de un sujeto con el objeto de obtener un logro que, en términos de Bourdieu sería la obtención de bienes materiales y/ simbólicos para diferenciarse o distinguirse en la topografía social.

Nuestra investigación dio cuenta de la existencia –por parte de los directivos– de la utilización de estrategias, acciones que permitían conseguir recursos materiales y/simbólicos para "llevar adelante" sus proyectos educativos.

En nuestra investigación, definimos la categoría estrategia como *praxis* es decir, como la acción intencional de un agente para obtener algún tipo de bien.

Para nuestra investigación, es significativa la constatación de estrategias en esta unidad de análisis ya que nos referimos a directivos de instituciones públicas de gestión estatal es decir, "sectores cuyas necesidades supuestamente están protegidos por el Estado".

Si entendemos que gestionar es generar las condiciones para que las cosas acontezcan o, en otros términos, producir la posibilidad; estamos ante un nuevo escenario de gestión latinoamericano en donde los directivos y los procesos de formación directiva deberán acentuar esta dimensión de estratega por parte del directivo como condición necesaria para materializar un proyecto pedagógico.

No sólo nos encontramos con vínculos con la comunidad sino, en algunos casos y con el objetivo de sortear dificultades, los directivos solicitan –de manera individual o colectiva -, recursos económicos y recursos materiales.

Capítulo 2

Construyendo la problemática y respondiendo los interrogantes de la investigación

Análisis cuantitativo

Los datos de los cuestionarios fueron procesados con la ayuda de un Técnico en Procesamiento Estadístico especializado en Educación mediante el instrumento SPSS.

El estudio de estos datos fue interpretado desde el marco teórico asumido.

Encuestados clasificados según la Región a la que pertenecen

Inspección Centro – Zonas	Frecuencia	Porcentaje
Centro A	20	44,4
Centro B	15	33,3
Centro C	10	22,2
Total	45	100,0

En nuestro caso, es significativa la topografía social (espacio) en la cual se hayan ubicadas las instituciones ya que todas ellas pertenecen a la Inspección Centro es decir, no estamos trabajando con escuelas urbano–marginales y el "topos centro" daría lugar a una especie de homogeneidad o piso común que, desde la investigación, queda desterrado. Asimismo, se verá en el informe cualitativo que la procedencia de los alumnos es, en su gran mayoría, de poblaciones empobrecidas.

Encuestados clasificados según la categoría de la escuela a la que pertenecen

		Frecuencia	Porcentaje	Porcentaje Válido	Porcentaje Acumulado
Casos Válidos	Primera Categoría	26	57,8	59,1	59,1
	Segunda Categoría	14	31,1	31,8	90,9
	Tercera Categoría	4	8,9	9,1	100,0
	Total	44	97,8	100,0	
Respuesta Inválida		1	2,2		
Total		45	100,0		

Las categorías dan cuenta de la complejidad de las instituciones educativas según la cantidad de alumnos.

Encuestados clasificados según el cargo

		Frecuencia	Porcentaje	Porcentaje Válido	Porcentaje Acumulado
Casos Válidos	Director	41	91,1	91,1	91,1
	Vicedir.	4	8,9	8,9	100,0
	Total	45	100,0	100,0	

Encuestados clasificados según su antigüedad en la docencia

Años de antigüedad	Frecuencia	Porcentaje	Porcentaje Válido	Porcentaje Acumulado
9	1	2,2	2,2	2,2
10	1	2,2	2,2	4,4
11	1	2,2	2,2	6,7
13	2	4,4	4,4	11,1
15	4	8,9	8,9	20,0
18	7	15,6	15,6	35,6
20	2	4,4	4,4	40,0
21	2	4,4	4,4	44,4
22	3	6,7	6,7	51,1
23	6	13,3	13,3	64,4
24	4	8,9	8,9	73,3
25	3	6,7	6,7	80,0
26	2	4,4	4,4	84,4
29	2	4,4	4,4	88,9
30	2	4,4	4,4	93,3
32	2	4,4	4,4	97,8
35	1	2,2	2,2	100,0
Total	45	100,0	100,0	

Encuestados clasificados según su antigüedad en el cargo

Años de antigüedad	Frecuencia	Porcentaje	Porcentaje Válido	Porcentaje Acumulado
0	3	6,7	6,8	6,8
1	9	20,0	20,5	27,3
2	10	22,2	22,7	50,0
3	16	35,6	36,4	86,4
4	2	4,4	4,5	90,9
7	1	2,2	2,3	93,2
9	1	2,2	2,3	95,5
10	2	4,4	4,5	100,0
Total	44	97,8	100,0	
Resp. Inválida	1	2,2		
Total	45	100,0		

Encuestados clasificados según el tipo de recursos que consiguen:

Recursos	Frecuencia	Porcentaje sobre el total de casos	Porcentaje sobre el total de marcas
Mobiliario	22	48,9	27,9
Materiales didácticos	21	46,7	26,7
Ayudas Económicas (donaciones o subsidios)	17	37,8	21,6
Materiales de construcción	7	15,6	8,7
Alimentos	7	15,6	8,7
Vestimenta	5	11,1	6,4
Total	79		100,0

Los resultados de este gráfico comienzan a responder los interrogantes de la investigación; es decir, se comienza a constatar que los directivos no sólo utilizan estrategias, sino que consiguen bienes materiales, en este caso.

Nótese que el bien material mobiliario y materiales didácticos son aquellos donde están focalizadas las estrategias.

Otros recursos

Recursos	Frecuencia
Aportes Asoc. Cooperadora	5
Computadoras	2
Mano de Obra	2
Pintura	2
Alimentos Programa Paicor	1
Charlas Informativas	1
Elementos Ed. Física	1
Equipamiento INET	1
Financiación de Proyectos	1
Madera para Taller de Carpintería	1
Mano de obra	1
Pasantías	1
Total	19

Encuestados clasificados según el tipo de bienes simbólicos que consiguen

Bienes Simbólicos	Frecuencia	Porcentaje sobre el total de casos (45)
Convenios	9	20,0
Publicidad	3	6,7
Auspicios	2	4,4
Total	14	

En esta parte del trabajo, el equipo de investigación constata que los directivos generan estrategias para conseguir bienes simbólicos siendo la generación de convenios la de mayor posicionamiento. En este sentido, observamos –aún de manera incipiente-, la necesidad de este tipo de bienes no provistos por el Estado.

Encuestados clasificados de acuerdo a su antigüedad en el cargo y si gestionan o no auspicios

			Auspicios		Total
			No	Sí	
Antigüedad	Hasta 2 años de antigüedad	Casos	20	2	22
		% sobre Antigüedad	90,9%	9,1%	100,0%
	Más de 2 años de antigüedad	Casos	22	0	22
		% sobre Antigüedad	100,0%	,0%	100,0%
Total		Casos	42	2	44
% sobre Antigüedad		95,5%	4,5%	100,0%	

El 9.1% de los docentes con menor antigüedad gestiona auspicios.

El 0% de los docentes con mayor antigüedad gestiona auspicios.

Encuestados clasificados de acuerdo a su antigüedad en el cargo y si gestionan o no convenios

			Convenios		
			No	Sí	Total
Antigüedad en el cargo	Hasta 2 años de antigüedad	Casos	19	3	22
		% sobre Antigüedad	86,4%	13,6%	100,0%
	Más de 2 años de antigüedad	Casos	16	6	22
		% sobre Antigüedad	72,7%	27,3%	100,0%
Total		Casos	35	9	44
% sobre Antigüedad		79,5%	20,5%	100,0%	

El 13.6% de los docentes con menor antigüedad gestiona convenios.

El 27.3% de los docentes con mayor antigüedad gestiona convenios.

Encuestados clasificados de acuerdo a su antigüedad en el cargo y si gestionan o no publicidad

			Publicidad		Total
			No	Sí	
Antigüedad en el cargo	Hasta 2 años de antigüedad	Casos	19	3	22
		% sobre Antigüedad	86,4%	13,6%	100,0%
	Más de 2 años de antigüedad	Casos	22	0	22
		% sobre Antigüedad	100,0%	,0%	100,0%
Total		Casos	41	3	44
% sobre Antigüedad		93,2%	6,8%	100,0%	

El 13.6% de los docentes con menor antigüedad gestiona publicidad.

El 0% de los docentes con mayor antigüedad gestiona publicidad.

Encuestados clasificados según el modo en que realiza la gestión

Los gráficos siguientes arrojan resultados significativos para pensar en prospectiva dispositivos de formación docente destinados específicamente a directivos y demuestra la necesidad de incluir espacios curriculares que enseñen la generación de proyectos de este tipo.

Recursos	Frecuencia	Porcentaje sobre el total de casos (45)	Porcentaje sobre el total de marcas
De manera personal	22	48,9	33,8
En equipo de trabajo	25	55,6	38,4
Lo delega a un equipo o una persona	14	31,1	21,5
Otros	4	8,9	6,3
Total	65		100,0

Encuestados clasificados según la estrategia o medio que utiliza para gestionar recursos

Estrategias o medios	Frecuencia	Porcentaje sobre el total de casos (45)	Porcentaje sobre el total de marcas
Presenta proyectos	25	55,6	25,0
Envía cartas solicitando lo que necesita	24	53,3	24,0
Llama por teléfono	20	44,4	20,0
Realiza visita personales	19	42,2	19,0
Envía correos electrónicos	9	20,0	9,0
Otros	3	6,7	3,0
Total	100		100,0

Encuestados clasificados según a quiénes se dirigen para gestionar recursos

Estrategias o medios	Frecuencia	Porcentaje sobre el total de casos (45)	Porcentaje sobre el total de marcas
A organismos gubernamentales	30	66,7	31,6
A empresas	19	42,2	20,0
A particulares	15	33,3	15,8
A asociaciones civiles	15	33,3	15,8
A bancos	7	15,6	7,3
Otros	9	20,0	9,5
Total	95		100,0

Observaciones generales

No se observan diferencias en las estrategias que utilizan los encuestados de acuerdo a la antigüedad que poseen (experiencia) en el cargo (salvo en la utilización del correo electrónico que es mayor entre quienes tienen menos años en el cargo).

Tampoco se observan diferencias en el modo en que realizan la gestión, en tipo de recursos o bienes simbólicos que gestionan de acuerdo al mismo criterio (antigüedad)

Del mismo modo, la categoría de la escuela no influye sobre las demás variables.

Capítulo 3

Construyendo la problemática y respondiendo los interrogantes de la investigación: Análisis cualitativo.

Los discursos de los directivos fueron analizados por el equipo de investigación a través de la generación de categorías de análisis construidas a partir de la propia información suministrada por los actores. Se realiza un análisis interpretativo que pretende una aproximación y explicitación de los significados que los directivos han construido en esta temática. Se configuran categorías a partir de la voz de los directivos, en tanto actores sociales que manifiestan, con "sus decires", su particular interpretación de la realidad educativa y las acciones que "dicen emprender".

Esta interpretación nos ubica en el escenario de actuación del directivo es decir, en el ámbito desde el cual generan estrategias para afrontar (enfrentar) sus realidades.

A: La realidad familiar

La realidad familiar de los estudiantes es caracterizada por los directivos con los siguientes atributos:

> "Familias ensambladas"; "Familias en tránsito o en guarda".
>
> "Familias empobrecidas"; "desconstituidas"; "desintegradas", "desarticuladas"; "son todos pobres"; "familias ensambladas".
>
> "La mayoría de las familias pertenecen a planes sociales nacionales, provinciales o con trabajos informales".
>
> "Se observa el agobio que la situación económica provoca en los mismos [los estudiantes] y sus familias".
>
> "Tienen afianzada la convicción de la dádiva" [por eso es necesario] "Tener hijos lo antes posible si no el gobierno no te da nada".

"A pesar del deterioro socio-económico (...) se puede observar en algunas familias el espíritu de superación".

B: Los padres

Los padres, en la voz de los directivos, son caracterizados:

"Padres analfabetos".

"Padres desorientados" (...) "agobiados por la situación económica" [que evidencian] "angustia al enfrentar los nuevos problemas con recursos escasos o nulos".

Los padres señalan "(...) los efectos negativos que la corrupción, el manejo fraudulento de los fondos, el desgobierno, el mercado de trabajo cambiante, restrictivo y fragmentado, ejercen sobre sus condiciones de vida" .

"Un gran porcentaje recibe subsidios del estado por ej. Plan jefes y jefas de familia" .

Algunos padres intentan mejorar la situación de los hijos, aunque en la práctica ese esfuerzo no provoque los resultados esperados:

"El objetivo de los padres es que sus hijos no concurran a las escuelas del sector, porque aspiran a tener una movilidad social y contacto con otros grupos de pares. Sin embargo, al asistir a esta escuela se encuentran que todos los alumnos son del mismo sector y de similares condiciones socioeconómicas. Para muchos alumnos esta movilización desde barrios tan alejados hasta esta escuela, genera gastos de transporte y comida. Debido a la distancia a sus hogares, no pueden retornar cuando asisten a jornadas a contra turno o prolongación de las mismas (ej: Educación Física o laboratorio de Informática), y en muchos casos no cuentan con los recursos económicos para hacer frente a estas erogaciones".

C: Los estudiantes

Los directivos caracterizan a los estudiantes en los siguientes términos:

"Alumnos judicializados" "excluidos"; "les cuesta imaginar el futuro de sus propias vidas"; "clima de desencanto e incertidumbre"

> "cargados de desilusión por la clase gobernante". "Evidencian descreimiento como ciudadanos".
>
> "Alumnos salientes" [con] "escala de valores cuestionadas que generan resentimiento, baja autoestima, escaso rendimiento y agresividad" [hasta llegar a] "la autoagresión"; "los alumnos se sienten agredidos, segregados, descalificados por adolescentes de grupos sociales más favorecidos"; "víctimas de violencia y abandono en diferentes grados".

Por otra parte, también algunos estudiantes evidencian: "una intensa búsqueda de cariño, reconocimiento, conocimientos y límites, con fuerte sentido de pertenencia y amor por la escuela".

"Escuchan música de cuarteto en especial la Mona".

Algunos "colaboran en la economía del hogar," otros "no hacen nada, quedando en la casa (...) al cuidado de hermano menores, abuelos, parientes discapacitados".

Los alumnos que trabajan solicitan "cambio de turno (...) autorización para ingresar 10 o 15 minutos más tarde (...) [evidencian] imposibilidad de concurrir (...) a las asignaturas de las distintas especialidades" (...), "no pueden acreditar lo solicitado, porque al ser menores de edad todos están trabajando sin la documentación reglamentaria".

> "Alumnos apáticos, abúlicos ante los diferentes contenidos y muchos evidencian dificultades de aprendizaje". "Existe una marcada dificultad en la comprensión de textos. Producción oral y escrita y la resolución de problemas... (...) ingresan con conocimientos previos muy limitados y con serias deficiencias en la adquisición de hábitos de estudio".
>
> "El rendimiento escolar es bajo, no existe una cultura del estudio no realizan tareas extraescolares ya que la mayoría no tiene lugar físico para hacerlo ni apoyo"; "chico con celular y no con apunte"; "en el bajo rendimiento académico del alumno que trabaja (...) se observa similitud con el estudiante secundario que concurre a la escuela para adultos".
>
> "Jóvenes en situación de riesgo o vulnerabilidad ya que viven en sectores donde la violencia y la delincuencia son temas cotidianos".
>
> "Víctimas de robos de sus pares de barrio".
>
> "Alumnos padres, alumnas madres que conservan sus hijos con la ayuda de sus propios padres".

Una escuela señala "es necesario destacar que por nuestra nueva ubicación [edificio nuevo en otro lugar] la población escolar ha cambiado sensiblemente".

D.-Escuelas

"Es una escuela de paso".

La escuela en la voz de los directivos es sentida como:

> "Existe un desfase entre lo que la escuela propone y lo que demandan los alumnos y el propio mercado de trabajo, habiendo flexibilidad de parte del sistema educativo para poder adecuarse a esta nuevas realidades".

En una escuela se señala: "La población escolar es piramidal: cinco primeros años que suman alrededor de 150 ingresantes y sólo llegan a sexto año alrededor de 10 alumnos".

> "Cada vez más se hacen presentes en la escuela los problemas de adicción para los cuales prácticamente no existen programas estatales que den respuesta".

E- Programas provinciales o nacionales de ayuda

"Es necesario limitar y acotar los planes sociales a quienes realmente los necesitan, y no hacer de éstos una práctica demagógica que anula la iniciativa y capacidad de trabajo, y la dignidad humana".

"No se prioriza una cultura del trabajo donde el esfuerzo, la puntualidad, la capacitación y superación, son valores a instituir y respetar".

"Existen Programas Provinciales de alimentación (PAICOR), Programas Nacionales como el Programa Nacional de Becas Estudiantiles (PNBE) Sólo recibimos para unos pocos alumnos del CBU el Plan Nacional de Becas".

"Programa de Mejora del Sistema Educativo (PROMSE), Proyecto Institucional de Retención (PIR)".

"Comenzamos a recibir aporte del INET para equipamientos de laboratorios"

"Proyecto de Autonomía escolar se dotó a la Biblioteca de 1200 volúmenes".

"Programa herramientas para el futuro se equipó totalmente el laboratorio de Ciencias Naturales".

F.- Propuestas institucionales

"Hemos debido erradicar las evaluaciones abarcativas (...) la integración se va haciendo en el día a día (...) lo que no se hace en clase no se hace nunca más".

"Se buscan recursos didácticos que permitan un desarrollo de contenidos acotados a módulos con evaluaciones diarias (...) "No hay evaluación abarcativa".

"Se desea potenciar la creatividad latente de los jóvenes y brindarles las herramientas necesarias para plasmarlas en la realidad como una respuesta práctica y acorde a la situación actual".

"Hay que brindarles aprendizajes teóricos prácticos para disminuir sus carencias socioculturales, sus limitaciones y dificultades".

"Aprenden el ejercicio de la ciudadanía a respetar las diferencias culturales promoviendo el trabajo y la colaboración de los grupos áulicos".

"En Tercer año se les entrega el certificado de operador en PC, (...) realización de micro emprendimientos para preparar a los alumnos que puedan llevar a cabo alguna actividad comercial por cuenta propia o bien desempeñarse en relación de dependencia" (...) se realizan talleres sobre planificación familiar y prevención sexual y talleres sobre adicciones".

"Proyecto *"La última vez"*: *esta es la última vez que hago primer año, porque esta vez sí que paso.* (...) currícula con los mismos ejes temáticos que todos los primeros años pero con un abordaje diferente en el que se involucró a todas las asignaturas(...) Desde hace tres años y sin poderlo concretar estamos tratando de formar el centro de estudiantes como base de formación democrática y participativa".

"Proyecto en conjunto con el consulado de Italia que tiene como estímulo una beca de una viaje a Italia con capacitación y actualización en el idioma italiano, nuestra escuela este año al séptimo alumno en ocho año".

"CBU Taller Preocupacional (...) Operador de PC".

"Se lleva adelante (...) un programa de pasantías para alumnos (...) en diferentes empresas relacionadas con la electrónica, bioelectrónica, telecomunicaciones y Electrónica industrial, Cursos en redes informática.

Algunas interpretaciones posibles

La voz de los directivos devela una situación socio-educativa compleja en la cual las necesidades insatisfechas tiñen la descripción. Predominan situaciones que no dan cuenta de la pretendida búsqueda de equidad y dignidad de la persona humana por medio de la educación.

Los jóvenes estudiantes se concentran en ciertos grupos de escaso capital cultural, con bajo nivel socioeconómico, asociado a condiciones precarias de ocupación de sus padres y ciertos tipos particulares de configuraciones familiares, aspectos que contribuyen para dificultarles la visión de su propio futuro y correlativamente las condiciones en que se desarrollará su inserción en la sociedad. ¿Cómo podrán pensarse como personas si sus padres piensan en ellos en términos de recursos económicos?

Constituyen grupos expuestos a situaciones particulares: la precariedad y el riesgo. La realidad que los rodea y en la que han nacido y crecido no es nada grata y no se le generan -salvo excepciones- alternativas para salir de ella. Por el contrario, siguen en el círculo de pobreza, reforzando la reproducción generacional de la inequidad.

Los padres de estos adolescentes han recorrido el camino en el que hoy se encuentran sus hijos y que ha provocado en ellos la falta de habilidades básicas para su inserción en el mercado laboral. Esto los lleva a tener que realizar tareas caracterizadas por su inestabilidad y escasa remuneración.

Como vimos, en algunos casos, los padres no anhelan para sus hijos el mismo destino, ya que la historia de sus vidas le ha demostrado que para la inserción social, laboral y económica se necesitan ciertas herramientas y habilidades que intuyen sólo se la proveerá a sus hijos el sistema educativo. No obstante, da la impresión que este mensaje de los padres, no puede ser comprendido y asumido por los jóvenes, los que no ven más allá del aquí y el ahora, situación que los inmoviliza frente a un futuro nada prometedor y plagado de incertidumbres. Lo lamentable es que esta situación puede derivar en una forma más o menos estable de marginalidad o no integración a la estructura social.

La escuela, como institución social, posee normas y reglas. Implica la necesidad de disciplina en el estudio, constancia, voluntad y estos aspectos son precisamente los que en la mayoría de estos jóvenes no se destacan. En estas condiciones la tarea socializadora y formadora de la escuela se configura como sumamente necesaria. Las dificultades en la comprensión y producción de textos, la falta de hábitos de estudio, cumplimiento y responsabilidad, la apatía y desinterés ante los desafíos, la carencia de entusiasmo en las tareas coloca a los estudiantes, en una situación de fragilidad ante las demandas de la sociedad y del mundo académico y del trabajo. En este sentido, no es aventurado predecir que dichos alumnos sólo han de tener acceso a inserciones laborales muy precarias y que no requieran calificación alguna en los segmentos informales de la economía, cuando no a la subocupación y a la desocupación. El ámbito académico de los estudios superiores no universitarios y universitarios, les está aparentemente vedado.

Como vemos las redes de contactos sociales han sido escasas en sus padres, lo son en ellos y así pueden continuar si no logran modificar, con ayuda del sistema educativo, su visión del mundo y de la vida. Caso contrario sus escasas posibilidades de acceso a la estructura de oportunidades, los llevará al aislamiento y marginación en el contexto social.

Para la escuela y los educadores, sin duda, el más complejo problema a resolver es el de lograr revertir en los jóvenes sus problemas de desmotivación, vacío e incertidumbre que los rodea.

El trabajo con jóvenes con las características señaladas es difícil y el desafío que se le plantea a la escuela es doble:

Por un lado, es el de lograr que los jóvenes adviertan que hay otros caminos para recorrer. Que su lucha con la adversidad y el peso de su pasado no será simple ni fácil, pero que hay a mano muchos ejemplos de vida que muestran que -a pesar de las innegables desigualdades que esta sociedad propone- es posible como dice Eladia Blázquez "honrar la vida", lo que no es "permanecer y transcurrir, no es perdurar, no es existir"..."es una virtud, es dignidad". Precisamente esa dignidad a la que estos jóvenes no han tenido acceso; dignidad que se socava con la dádiva, que conlleva la pérdida de la autoestima y el reconocimiento de las propias posibilidades.

Por otro lado, posibilitarles la construcción de sus conocimientos, desarrollo de habilidades y por sobre todo actitudes indispensables para afrontar el mundo del estudio, el trabajo y las profesiones; desarrollando sus propias posibilidades , especialmente la posibilidad de desarrollar el propio pensamiento. Como dice un antiguo proverbio chino "no darles pescado, sino enseñarles a pescar"

A pesar de los esfuerzos de gestión que se advierten en los directivos, la tarea que llevan a cabo se visualiza como una tarea "solitaria", no hay redes de trabajo colaborativo, de responsabilidad solidaria entre instituciones, o entre los proyectos educativos provinciales e institucionales. Hablamos de trabajo colaborativo, con proyectos conjuntos, con objetivos compartidos, con esfuerzos mancomunados que atiendan y ayuden a revertir aquellos aspectos que obstaculizan, fortaleciendo un compromiso de trabajo duradero con claros objetivos pedagógicos. Lejos se está de una acción transformadora por medio de la educación; la distancia entre los discursos pedagógicos y la práctica pedagógica se hace aquí evidente a partir de la "voz de los directivos".

Capítulo 4

Gestión Pedagógica y Estrategias de Negociación

El caso de los Directivos de Instituciones Educativas del Nivel Medio Públicas de Gestión Privada de la Zona 6º en la Provincia de Córdoba

José Luis Belfanti

Esta investigación surge con la intención de analizar la tensión que se genera al interior de las escuelas luego de acontecida la reforma educativa ocasionada por la Ley Federal de Educación (1995), que modificó estructuralmente el sistema educativo, perjudicando a todos los establecimientos educativos del país y desde donde se desprende que afecta directamente a la gestión de los directivos en los institutos, es decir en su aspecto micro- situacional, en su realidad cotidiana. Mucho se ha hablado y escrito de la reforma pero lo que buscamos averiguar es cuáles fueron las estrategias que debieron utilizar estos directivos para posicionarse ante este nuevo escenario.

Nos planteamos como interrogante entonces si "¿Incorporan los directivos de las escuelas Públicas de Gestión Privadas de nivel medio de la Zona 6 de la Provincia de Córdoba, estrategias de negociación con distintas agencias a los fines de obtener bienes materiales y simbólicos?" De ser así queremos *Identificar* y *definir* estrategias de negociación utilizadas, *además de caracterizar* las agencias proveedoras de bienes materiales y simbólicos elegidas por los directivos. Es importante realizar algunas consideraciones teóricas que se suman al marco trabajado en la investigación anterior del Dr. Bambozzi Enrique y otros. Son cuestiones que tienen que ver con la realidad del nivel medio en la actualidad y, por otro lado, las particularidades del grupo de Instituciones que se tomaron para realizar el estudio con un contexto distinto y particular de la zona. En algunos aspectos replicará cuestiones ya investigadas por ellos, pero el punto de partida del análisis no es el mismo, indagamos en las estrategias que utilizan los directores de *escuelas públicas de gestión privada*, porque suponer que estas no tienen necesidades, ya que cuentan con otros recursos, sería un error. El estudio anterior se centraba en escuelas públicas donde la respuesta que el Estado debe brindar es distinta, ya que se le atribuye el rol de propietario del edificio y responsable de implementar las políticas de gestión que deben seguir sus directivo, pero a pesar de ello se encuentran en una situación de desprotección y deben asumir nuevos "roles" al tener que negociar algunas cuestiones referidas a la obtención de recursos económicos y culturales que entendían como una cuestión de absoluta responsabilidad del Estado, que ha cambiado en su función y no responde a todas las necesidades escolares que se plantean. Por eso la realidad a observar no es la misma. En los institutos públicos de gestión privada hay un responsable Legal que tiene que dar cuenta de sus acciones y en medio de esta trama el director de cada escuela deberá ser el gestor atendiendo a la diversidad de su contexto. y deben enfrentar un sin número de dificultades que les demandará desempeñarse con gran habilidad y criterio.

En este orden de ideas, pensar en seguir actuando como director de un modelo escolar anclado en un mandato histórico supone no asumir que existe un cambio y que hay que adaptarse a la realidad presente. Es necesario mirar al futuro de la educación pensando en una *gestión educativa estratégica,* profesionalizándose, desarrollando habilidades para trabajar con lo complejo, saber leer los distintos escenarios, revisitar los problemas de la escuela reflexionarlos y tomar nuevas decisiones, trabajar en equipo, la apertura al aprendizaje y la innovación, y crear los espacios y condiciones para poder obtener todo lo necesario para desarrollar el proyecto pedagógico. Al hablar de *estrategia* variados autores ubican al término como proveniente del campo del management o la administración, también se le atribuye al vocablo un origen militar por las acciones realizadas por los comandantes en las batallas, lo cierto es que en el mundo moderno agentes de distintos campos deben situarse y emplearlas para moverse en él.

Un artículo publicado por IIPE se pone de manifiesto la tarea *estratégica* intencional que debe desarrollar el gestor de la escuela, dando cuenta de la teoría expresada en la hipótesis de Bourdieu en cuanto al Campus y Habitus.

> La gestión educativa sólo puede ser entendida como nueva forma de comprender y conducir la organización escolar, en la medida en que se reconozca como uno de sus fundamentos el cálculo estratégico situacional; y, más aún, sólo en la medida en que éste preceda, presida y acompañe esa acción educativa de tal modo que, en la labor cotidiana de la enseñanza, llegue a ser un proceso práctico generador de decisiones y comunicaciones específicas.[1]

No hay una regla o un modelo que pueda interpolarse a otra escuela. Las situaciones son propias de cada institución, de cada nivel específico, y de cada entorno. Hay circunstancias en que el contexto supera lo escolar, lo especifico de la misión de la escuela, e irrumpe en ella buscando o tal vez pidiendo soluciones; tal como se pregunta Blejmar[2] en su análisis sobre escuelas marginales que todos los días tienen que mediar con situaciones de la problemática social que las rodea, hasta donde deben atenderlas y no perder de vista lo pedagógico.

Problemática General de la escuela media en Argentina

Para partir de un momento histórico y realizar un análisis de los cambios que se producen en los últimos años en nuestro país en materia de educación, deberíamos considerar las fuertes transformaciones que se dan en los sistemas educativos a raíz de los cambios de leyes educativas y estructuras de gobierno, tanto a nivel provincial como nacional.

El ex Ministro de Educación de Argentina, Daniel Filmus[3] relata en su investigación este proceso que se da entre el año 1992/94 que termina con la transferencia de casi todas las escuelas (nivel medio y superior) a otras jurisdicciones provinciales, produciendo la descentralización del sistema educativo, quedando el Estado con el rol de administrador, transfiriendo el 44,22% de la matricula de nivel medio total que estaba bajo su orbita. En abril del año 1993, en la Argentina se sancionó la Ley Federal de Educación para modificar todo el sistema educativo; formando en el desarrollo de "competencias" que generaron la segmentación y exclusión

1 "Gestión Educativa Estratégica Competencias para la profesionalización de la gestión educativa". IIPE Buenos Aires, 2000.

2 BLEJMAR, B., en DUSCHATZKY, S. y BIRGIN, A. (comp.)*¿Dónde está la escuela? Ensayos sobre la gestión institucional en tiempos de turbulencias*; Bs. As. FLACSO. Manantial, 2001, Pág. 40-41.

3 FILMUS, D. *Estado, Sociedad y Educación en la Argentina de fin de siglo. Procesos y desafíos;* Troquel, 1996, Pág. 63

de quienes no pudieron acceder al nuevo tipo de educación, que el Estado no atendió dejando la contención social en manos de la escuelas, que en el marco de la crisis y desorientación fueron perdiendo su especificidad y calidad educativa. *"La estrategia de implementación de la ley se hizo a través de políticas de shock, ya que en poco tiempo se desencadeno la reforma. La escala es masiva; con cobertura universal. No hay gradualismo ni "experiencia piloto".*[4]

Las escuelas debieron reacomodarse a esta nueva situación viendo como se le planteaba el nuevo escenario, por un lado, con un estado que le daba autonomía para resolver algunas cuestiones académicas y, por otro lado, le soltaba la mano en la provisión de recursos y cobertura de necesidades. Emilio Fanfani añade algo muy importante que refuerza la problemática de nuestra investigación cuando agrega

> Los vínculos entre las partes ya no son rígidos, sino que adoptan la forma que mas conviene a los intereses recíprocos. A su vez, las interacciones se moldean sobre una gran capacidad de negociación donde las estrategias que cada actor despliega tienen mucho que ver con los recursos y capacidades que dispone[5]

De esta forma, da cuenta de la necesidad que se genera en los distintos actores a adaptarse a esta nueva situación y esto incluye a los directivos de las escuelas que no escapan del cambio.

Uno de los problemas como el de financiamiento del sistema educativo que se suscitó con la reforma trajo aparejado en la mayoría de los casos, exigencias hacia los gobiernos para que redistribuyan mejor los recursos para educación. Para entender esto es necesario recordar el origen de este tipo de políticas educativas y entender que los límites de los gastos en educación fueron impuestos por organismos como el F.M.I. y el Banco Mundial: *"En las "Directivas del Banco Mundial para políticas de financiamiento educativo"* de 1991, este organismo planteó:

> Se propone la descentralización de la educación pública y el fomento de la escuela privada...y sugerimos trasladar parte de la carga financiera de la educación del Estado a los beneficiarios, es

4 NOVICH DE SENÉN DONZALEZ, S., "Argentina: Actores e instrumentos de la reforma educativa. Propuestas del centro y respuestas de la periferia"; Universidad Nacional de Buenos Aires, s/d, 2000.

5 FANFANI, E., "La enseñanza media hoy: masificación con exclusión social y cultural" en TIRAMONTI, G., MONTES, N. (Comp.), *La escuela media en debate: problemas actuales y perspectivas desde la investigación.* Manantial/Flacso, Bs. As., 2009.

> decir a los estudiantes y sus familias...Que el Estado traslade el sostenimiento financiero a las organizaciones sociales, a los beneficiarios, a las familias y organizaciones privadas; hay que establecer una competencia entre la educación pública y privada. [6]

Luego de transcurrida esta complicada década de los '90 donde la aplicación de la Ley Federal de Educación fragmentó el sistema y no dio los resultados esperados, el Estado Nacional comenzó en el año 2006 con el debate de una nueva ley para corregir y revertir los errores que había producido la anterior y dar respuesta a las nuevas necesidades de la educación para el país.

A partir de la promulgación de la nueva Ley de Educación Nacional (26.606) el Estado ha manifestado una intención de cambio para retornar el control de sus funciones, basado en su capacidad política y técnico burocrática, asumiendo nuevamente el rol de garante del servicio educativo para todos, aportando recursos (ley de Financiamiento Educativo 26075), unificando criterios y también declarando la obligatoriedad de la escuela media, tomando el compromiso de apoyo organizativo con planes y programas.

> En esta tarea es fundamental el apoyo del Estado en sus diferentes niveles, en tanto éstos deben coadyuvar a generar las condiciones para reforzar la escolarización, sin desmedro del papel protagónico, que le cabe a la escuela[7].

En la actualidad, la sociedad toda exige de la escuela respuestas que no encuentra en otros sectores como el estado o la familia, *"La escuela es una institución sobredemandada y subdotada"*[8], resulta claro que la misma se ha transformado casi en la única institución con capacidad de albergar al grupo etario de jóvenes; han desaparecido lugares y grupos de referencia. La escuela se ha constituido en el "lugar para estar de los jóvenes" y esto la transforma en un espacio en el cual el presente y los modos de habitarlo adquieren una importancia que no tuvo en el pasado, ya que debe reemplazar la ausencia de otros actores en la vida de los jóvenes, se les exige generar propuestas extracurriculares, darles afecto, protegerlos del medio social en el que viven, evitar el delito, etc. Tan complejo es el

---

[6] Artículo Ley Federal de Educación, en http://argentina.indymedia.org/news/2005/09/326799.php consultado el día 12 de mayo de 2009.

[7] MINISTERIO DE EDUCACION Presidencia de la Nación; Documento preliminar para la discusión sobre la educación secundaria en la Argentina. Octubre 2008

[8] FANFANI, E., *"La enseñanza media hoy..."*, Op. cit., Pág. 65.

tema que variados autores analizan la temática aportando miradas, por ejemplo Tenti Fanfani[9] dice:

> Antes la escuela y la educación era cosa de niños; hoy es cosa de niños, de jóvenes y adultos. Pero mientras mas se exige, menos se le da en términos de recursos de todo tipo. Por eso tenemos escuelas débiles a las que le encomendamos, al menos verbalmente, funciones cada vez mas complejas y relevantes.

Cabe preguntarse entonces ¿cómo se resuelve y qué implica atender estos reclamos? Quizás parte de la respuesta se refleje en un pensamiento: esperar que el Estado todo lo resuelva y por eso una vez más cobra importancia la participación o el aporte que la escuela pública de gestión privada puede hacer a través de su gestión institucional generando las estrategias para conseguir los elementos necesarios para llevar adelante el proyecto educativo.

Un aspecto importante a considerar son las nuevas tecnologías de la comunicación que introducen en la juventud de hoy nuevos códigos y nuevas formas de aprender que hacen necesario el manejo de esta materia que rompe con los métodos de alfabetización tradicional. El acceso a la tecnología necesaria para poder desempeñar este campo no es algo sencillo de adquirir y mantener actualizado, además de necesitar de personal capacitado para desarrollar y potenciar el área. Las salas o gabinetes de computación logran su mejor resultado cuando pueden ser aprovechadas en su máxima capacidad y cuando los recursos o equipos por alumno son los suficientes.

Estas cuestiones llegan a plantear, en cabeza del director, la forma de conseguir estos bienes para apuntar a lograr las metas que la educación espera a futuro. En nuestro país el Estado marca una política diferenciada para las escuelas públicas y privadas, ya que muchas veces los planes y programas sólo se implementan para las que pertenecen al sector público. Podemos decir que mejorar el funcionamiento de la escuela beneficiará en el mejoramiento del sistema educativo y el aumento de la calidad, por lo tanto los directores de las escuelas públicas de gestión privadas deben trabajar con otros criterios y expectativas, otra disposición y apertura mental para gestionar y obtener lo que el Estado no le proporciona, de allí que con nuestra investigación podamos colaborar en la interpretación de esta realidad. Esto hace también reveer como deberán enfrentar

---

9 Íbidem, Pág. 9

diferentes desafíos los directores de las instituciones educativas en los nuevos escenarios de gestión.

En consecuencia, poder egresar de un instituto que acredite en su proyecto educativo acciones que reflejen un trabajo orientado hacia la calidad educativa será motivo de poder posicionarse mejor ante una posibilidad de empleo o ingreso a un nivel de estudio superior. Es importante en estos proyectos lograr acciones que permitan asegurar un compromiso claro con la calidad y la formación de los estudiantes. El trabajar junto con otras instituciones logrando convenios o acuerdos, posibilita la obtención de un plus en el reconocimiento y apreciación de este "título" que tendrá un valor simbólico superior. Esta tendencia se manifiesta con más preeminencia en los niveles superiores de Educación pero no tardará en llegar al nivel medio.

Tal como lo manifestáramos anteriormente el corrimiento que produjo el Estado de sus funciones básicas dio lugar al crecimiento del sector privado, no sólo de instituciones de escolarización formal, sino también que surgieron otro tipo de organizaciones (fundaciones, entidades sin fines de lucro, etc.) también llamadas del *tercer sector*, que tiene marcada presencia en el nuevo escenario de conformación social, dando lugar muchas veces a la realización de tareas para suplir o ayudar al Estado con las ocupaciones que no desarrolla como corresponde. Estas entidades que han logrado un despliegue muy importante, en muchos casos tienen más credibilidad y reconocimiento que las acciones que realiza el propio Estado. Nuevamente vemos aquí, la importancia que una escuela logre el apoyo y acompañamiento de este tipo de agencias, porque significa muchas veces poder concretar aspectos del proyecto educativo. La obtención de becas, subsidios, material bibliográfico, capacitación, etc. hacen necesaria la negociación por parte de los directivos para lograr bienes materiales y simbólicos que de seguro le permitirán lograr con mayor calidad la concreción de su proyecto educativo.

En la parte final del siglo XX, la Escuela Media incrementó sus niveles de desigualdad social ampliando la brecha entre lo privado y lo público.

> Durante las últimas dos décadas, la combinación de tasas insuficientes de inversión pública en infraestructura e inversiones aún más bajas en equipamientos en recursos, dio forma a una base material de la enseñanza en la educación secundaria sumamente empobrecida[10]

[10] PALAMIDESSI, M., *Claves para mejorar la escuela secundaria. La gestión la enseñanza y los*

Resumiendo lo expresado en los ítems anteriores, y afirmando el interrogante de nuestra investigación, queda de manifiesto que existe una realidad imperiosa para la escuela de conseguir nuevos recursos materiales o simbólicos para responder a las nuevas necesidades; necesidades estas que giran entorno a dos aspectos fundamentales: uno de ellos es que el destinatario de la educación -el joven/adolescente- cambió, cambio su lenguaje, sus pretensiones, su forma de aprehender el conocimiento, su forma de comunicarse, su forma de expresarse y requiere de la escuela otra forma de transmitir los saberes para mantenerse interesado en ella, y segundo, la sociedad que rodea a la escuela se ha transformado, el entorno cambió la forma de transitar de la sociedad a evolucionado y la escuela no lo hizo, se ha quedado en el tiempo, sus aulas, laboratorios, espacios comunes, transitan por la melancolía de tener el alumno y la situación de enseñanza de tiempos pasado.

La problemática propia de los institutos de Nivel Medio de la zona 6 de DIGIPE

Si bien en el apartado anterior hemos dado algunas perspectivas generales de la problemática del Nivel Medio en Argentina, en cada provincia tiene características particulares de acuerdo a la región, a las condiciones socioeconómicas y las necesidades del entorno.

En la provincia de Córdoba, el Ministerio de Educación se organiza por Regiones o Zonas donde se ubican tanto escuelas Públicas que dependen del Estado como escuelas Públicas de Gestión Privada que son gestionadas por particulares, asociaciones, cooperadoras, etc. Para el año 2007 eran 752 establecimientos en total, de los cuales 374 son estatales y 378 privados; el 48% son administrados por la gestión estatal provincial, el 51% corresponde a la gestión privada provincial y menos del 1% restante depende de la Universidad Nacional de Córdoba y Ministerio de Defensa.[11]

Nuestra investigación se aplicó donde se extiende la Zona N° 6 de D.G.I.P.E (Dirección General de Institutos Privados de Enseñanza); allí se encuentran un grupo de Institutos Públicos de Gestión Privada de Ni-

nuevos actores; Noveduc, 2009.

[11] Fuente: Síntesis estadísticas N 2 Años 2003-2007. Ministerio de Educación, Secretaría de Educación, Subsecretaria de Promoción de Igualdad y calidad educativa. (Córdoba, julio de 2008)

vel Medio. Incluye parte de cinco departamentos de la Pcia. de Córdoba: Dpto. Unión, Dpto. Marcos Juárez y parte del Río II, del Tercero Arriba, y parte del Juárez Celman. Son 27 escuelas de Nivel Medio en donde 13 son confesionales. Hay localidades que cuentan con dos o tres establecimientos, así como hay 9 localidades donde el Nivel Medio es oferta única, uno de los establecimientos dio apertura al Nivel Medio en el año 2008.

Los establecimientos de la zona son pequeños con poca cantidad de alumnos y un promedio de 25 alumnos por aula analizado en el total de escuelas.

Las escuelas de la Zona 6 son Públicas de Gestión Privada; es decir, el Estado les proporciona el subsidio para atender a los sueldos de los docentes, no siempre todos los cargos y horas están contemplados, muchos de ellos son afrontados con fondos propios de los establecimientos que obtienen de cuotas de cooperadora; en algunos casos son voluntarias y en otros con importes fijos, pero con lo recaudado deben asumir todo el resto de los gastos de funcionamiento. Hay escuelas que no cobran cuota y tratan por otros medios de conseguir recursos. Asimismo, el gobierno provincial ayuda con proyectos sociales como el PAICOR entregando en la Zona 78 copas de leche y 184 raciones de comida, muestra de que no todos los institutos "privados" son ricos o tienen entre el alumnado a clases sociales pudientes.

En un diagnóstico realizado por la supervisión se puede comprobar que:

- En un número importante de instituciones faltan tecnologías modernas.
- Existe un importante número de alumnos en el nivel medio, que fracasan en su proceso de enseñanza aprendizaje, incluso trabajando con adaptaciones curriculares, como así también la deserción en los primeros años.
- Es necesaria la capacitación específica sobre distintas áreas (lengua, matemática, ciencia, educación vial y sexual) como así también a Preceptores que necesita, fortalecer su rol, bibliotecarios y Maestros de Enseñanza Práctica. Las condiciones socio económicas y socio culturales de las familias en algunas localidades es de vulnerabilidad. En varios institutos hay escasez de recursos para optimizar el funcionamiento institucional. El gobierno provincial, por falta de presupuesto, no ha otorgado aportes para cursos en funcionamiento y car-

gos de bibliotecarios. Por ser instituciones privadas reciben poco apoyo del Gobierno Provincial con respecto a la incorporación de tecnologías, planes nacionales y/provinciales, e infraestructura.

Para realizar la investigación se utilizó un diseño no experimental ya que no se manipulan variables. Se trabaja con comportamientos de lo actores (directores), que dan respuesta a los requerimientos de la realidad cotidiana. De tipo exploratoria descriptiva, pues se aborda la investigación desde una óptica distinta a lo realizado anteriormente ya que trabajamos con experiencias de directivos que tienen la particularidad de gestionar escuelas privadas donde se toman otro tipo de decisiones. Marcamos que es descriptivo porque buscamos identificar capacidades desarrolladas por las personas encargadas de conducir la institución.

Para recolectar los datos que estén acordes con lo planteado metodológicamente se trabajó con dos herramientas. Por un lado, un *cuestionario auto suministrado*. Tal como se realizó en la investigación anterior, se utilizó el mismo instrumento para luego poder comparar resultados que lo completó el mismo director. Por otro lado, se realizaron algunas entrevistas a directores que a la luz de los cuestionarios demostraron tener experiencias en los aspectos propios de negociaciones con distintas agencias.

Conclusiones del cuestionario: análisis e interpretación de datos

Del total de respuestas obtenidas y cotejando con datos provistos por la Inspección nos encontramos ante la siguiente distribución por categorías de escuelas: 1 (una) es de primera categoría, 12 de segunda y 14 son de tercera. Estos datos nos permiten observar que la conformación de escuelas de acuerdo a números de alumnos y, por consiguiente, a los cargos de la planta funcional que poseen nos posiciona ante instituciones pequeñas en su mayoría, con un predominio de establecimientos de categoría más baja, es decir, el 52% son de tercera, el 44% de segunda y solo el 4% de primera. Situación esta que fue corroborada y contrastada con los datos oficiales proporcionados por la inspección y el supervisor de zona.

De los 27 directivos que eran la muestra elegida para realizar la investigación, conseguimos la respuesta al cuestionario de 26 directivos de los cuales, podemos decir que 25 (96%) ocupan el cargo de director y 1 (4%)

de vice director; pero además la titularidad en los cargos es del 88 % sólo 3 (Tres) directivos -el 12% -son suplentes.

En cuanto a la antigüedad en la docencia, para procesar los datos utilizamos segmentos de a 5 años dejando un segmento amplio para quienes superan los 20 años de antigüedad. Al momento de registrar los nuevos valores nos encontramos con que la mayoría de los directivos (65%) supera los 20 años, es decir son personas que ya poseen un recorrido dentro del nivel y podemos afirmar que tienen conocimiento de las particularidades del nivel

Ahora, en cuanto a la antigüedad en el cargo, nos encontramos que el 73% no supera los 5 años, lo que nos lleva a determinar que estos directivos tienen la mayor parte de su carrera profesional como docentes y están iniciando sus instrumentos como directores. Probablemente podemos deducir que esta situación se da como producto de la política de jubilaciones anticipadas en la provincia, lo que originó un recambio inesperado, no hubo demasiado tiempo para una transición y por ende quienes tomaron los cargos fueron los docentes con más antigüedad en el aula.

Cuando analizamos los recursos materiales que gestionan, encontramos que el 23 (88%) gestiona aportes económicos y 15 (58%) material didáctico para sus proyectos, el valor disminuye a 11(42%) cuando se trata de materiales para construcción, y se asemeja en 12 (46%) si hablamos de mobiliarios. Cae de manera importante el índice cuando nos referimos a gestiones realizadas por alimento; pero cabe recordar que algunas instituciones tienen el plan de Paicor por lo tanto reciben raciones de comida, y probablemente otras no realicen esta gestión por no disponer de una estructura e infraestructura adecuada para responder a esta necesidad. Finalmente, 7 escuelas son las que solicitan vestimenta.

Al observar lo que sucede con los bienes simbólicos, podemos marcar que no todos los colegios realizan acciones dirigidas a obtener este tipo de bienes. De los que lo hacen el 15 solicita auspicios, el 8 gestiona convenios, y 8 solicita publicidad. Se puede apreciar a la luz de las respuestas que así como hay instituciones que trabajan con las tres categorías otras no utilizan esta estrategia de gestión.

Otra categoría que se trabajó con los cuestionarios es el modo o la manera de gestionar estos bienes tanto simbólicos como materiales. En este apartado son muchos los cruces que se pueden hacer para interpretar los resultados. Los estilos de gestión son muy personales y están ligados, entre otras cosas, a la experiencia en el cargo y a las relaciones sociales que se establecen. También es importante tener en cuenta de que gestionar cada recurso (material/simbólico) requiere de una modo o estrategia de gestión diferente para cada caso. Podemos decir que la mayoría de los directivos (10) combinan las estrategias utilizando el modo de hacerlo personalmente y en equipo. En segunda opción (9) están quienes optan sólo por hacerlo en forma conjunta o equipo directivo. En tercer lugar, encontramos (5) quienes prefieren hacerlo en forma personal solamente, y por último, podemos afirmar que muy pocos son los que optan por delegar una gestión de este tipo. Algunos cuestionarios agregan que en estos casos hay un acompañamiento en esta tarea delegada o surgió como una acción de intermediario para entablar la negociación.

Al momento de analizar los canales o herramientas utilizadas para plantear el requerimiento o pedido de recursos, dentro de la gama de opciones expuestas en el cuestionario, se puede apreciar que algunos directivos utilizan todos los medios a su alcance para lograr obtener un beneficio. De los directores 21, recurre a las cartas formales para obtener respuestas a sus pedidos lo que representa el 81% y junto con esta metodología también son 21 los que manifiestan emplear la estrategia de visitas personales. Estas alternativas son las más convencionales, lo que no significa las más efectivas. El modelo de cartas o notas son los más utilizados para solicitar pedidos de subsidio o aportes en organismos Estatales. Las visitas personales son muy efectivas cuando alguien va recomendado por otra persona o lleva la presentación de proyectos que necesiten ser explicados con detalles donde esta instancia es muy importante. En orden de importancia le siguen como estrategia muy utilizada los llamados telefónicos en 14 de los casos un 54 %, podríamos decir que este tipo de acciones se realizan cuando alguien del equipo directivo ya tiene alguna relación o contacto previo y el camino para solicitar un recurso ya está allanado. El recurso menos adoptado es la utilización del correo electrónico 10 directores, (38 %) quizás por ser un instrumento algo reciente se dan varios factores que convergen en su uso. Por un lado, es una tecnología relativamente nueva, hay muchos institutos que si bien tenían computadoras no estaban conectadas a internet y, por otro lado, tal como manifestáramos anteriormente la mayoría de los directivos – 65 % supera 20 años de antigüedad en la docencia, lo que nos da un parámetro que por la edad, puede que no este muy familiarizado con la tecnología y por ende prefiera otras estrategias.

Por último, al momento de ayudar a responder al objetivo de caracterizar las agencias o agentes a los cuales los directivos apuntan para negociar la obtención de los bienes materiales/simbólicos nos encontramos con que hay variedad de alternativas al momento de inclinarse por alguna opción ya que los directivos tratan de utilizar o buscar todos los medios posibles. Los más utilizados son los particulares y las empresas[12], en tercer lugar encontramos organismos gubernamentales (Estado) para solicitar recursos; este tipo de relación se da a través de los pedidos de subsidios y aportes que se tramitan fundamentalmente por la vía formal de un expediente o una nota. Luego aparecen, en cuarto lugar, las asociaciones civiles, como asociaciones civiles, cooperativas[13], mutuales, fundaciones, y cooperadoras. Finalmente, la agencia con la que menos contactos se realizan son los bancos. Estas entidades suelen tener políticas más estrictas y menos flexibles que las demás por lo que puede que sean menos utilizadas.[14]

Luego de realizadas las entrevistas a cuatro directores se puede afirmar que la experiencia realmente fue enriquecedora y se pudo profundizar en aspectos que no se ven desde el cuestionario.

A modo de resumen de las entrevistas y tratando de hacer un análisis cualitativo de sus respuestas de acuerdo a las categorías de análisis que utilizamos para agrupar sus opiniones podemos decir que queda de manifiesto la permanente voluntad y esfuerzos que realizan por desplegar la mayor cantidad de estrategias posibles para gestionar recursos para sus escuelas tanto desde lo material como de lo simbólico; el director cuenta con el apoyo de toda la comunidad educativa, se comprometen un 100% en el proyecto de la escuela, las comunidades educativas son pequeñas y todos se conocen personalmente, los docentes golondrinas son pocos, y quienes dan clases en varios institutos son de pueblos vecinos que están separados por distancias cortas. Los esfuerzos que ponen en la escuela se ven reflejados en forma directa, cada acción redunda en el beneficio inmediato de la escuela, de los chicos y de los profesores. El grado de

[12] Cabe recordar que la zona la componen en su mayoría pequeñas localidades donde todos los pobladores son conocidos entre sí por lo que el trato personal directo es muy habitual y existe cierto grado de confianza que les permite establecer lazos directos con la escuela.

[13] En estas localidades las cooperativas tiene una fuerte presencia, ya que tienen mucho poder económico al manejar en algunos casos todos los servicios del pueblo.

[14] Es bueno aclarar que no existen bancos en todas las localidades y los que hay son sucursales pequeñas de casas centrales que no están en la zona.

compromiso es muy alto, colabora el directivo, los alumnos, ex alumnos, centro de estudiantes, cooperadora, docentes y personal no docente. No se ponen reparos ni miramientos en horarios, ni días, la invitación es a todos y la gran mayoría responde en forma permanente. Saben que son escuelas públicas pero de gestión privada, por lo que el Estado Provincial y Nacional poco repara en ellas. No esperan mucho del gobierno por lo que saben que los recursos los deben gestionar ellos, desde le seno de su comunidad. La unión de los padres en cooperadoras constituye un apoyo fundamental al momento de generar recursos porque ayuda a la gestión del directivo y también preserva su imagen. Van pasando generaciones por las escuelas y el compromiso se mantiene, colabora el alumno y el padre que fue ex alumno.

Por suerte estas escuelas están ubicadas en comunidades que le brindan todo el apoyo. La representación que tienen de la escuela sigue siendo la de la institución con mayúsculas, hacen todo para apoyar a la escuela. En las localidades que son oferta única el compromiso y apoyo del municipio es incondicional, como así también el de las cooperativas del pueblo que no dicen nó a la hora de apoyar. Estas entidades son muy fuertes ya que concentran mucha actividad económica, y vuelcan el porcentaje que por estatuto les corresponde a educación, en las escuelas del pueblo. Por lo general, los directivos de estas cooperativas tienen relación directa y estrecha con el municipio o la escuela. Son padres, ex alumnos y en algunos casos funcionarios, por lo que el contacto es fluido con la escuela y redunda en beneficios. Cuando las escuelas realizan actividades donde se abren a la comunidad la gente del pueblo dice presente. Cada vez que hacen una muestra o el cierre de un proyecto que se socializa concurren a visitar y conocer lo que se está haciendo.

Al momento de realizar acuerdos con distintos organismo públicos o privados ponen todo el empeño en conseguir lo mejor para los alumnos de la escuela y la comunidad. No se quedan de brazos cruzados y salen a buscar, a gestionar todo aquello que pueda mejorar su proyecto educativo. Hay convenios importantísimos que escuelas públicas de gestión privadas tienen y otras zonas no, y que representan, a nivel simbólico, un capital cultural de muy alto valor. Esto demuestra que los directivos emplean estrategias de gestión que involucran a distintas agencias para obtener estos recursos pensando en los resultados que fomentaran en la educación de sus alumnos. Algunos de estos acuerdos son de carácter internacional lo que aumenta la importancia de los mismos. También consiguen acuerdos donde lo que le aportan son recursos materiales, tecnológicos, o el dinero para poder adquirirlos. Hay convenios con empresas nacionales e internacionales que les ha permitido obtener recursos que por sus propios medios les hubiese sido imposible.

En cuanto a la percepción que tienen sobre el Estado es la de un socio lejano; notan, y les hacen notar, permanentemente el alejamiento y la distancia que tiene con las escuelas públicas. Es muy poco lo que el Estado les da. Los pedidos al Estado son hechos con la presunción de antemano que tendrán una negativa. Si salen, bien; sino lo intentaron. Si la escuela pertenece a las escuelas técnicas, en esta nueva etapa por la que están transitando con la transformación, pueden entrar en el plan de mejoras y recibir fondos a través del INET. Según el proyecto presentado les otorgan un subsidio para equipar con la tecnología para desarrollarlo. Otros han hecho uso de mecanismos fiscales (Crédito Fiscal) que permiten obtener recursos bajo el marco de degravaciones impositivas a las empresas.

Mirando hacia las iniciativas que tienen las escuelas como proyectos o actividades propias, se puede notar que tiene una funcionalidad situada en el marco de la idiosincrasia propia de las localidades de zona. Los métodos que utilizan las escuelas son tan variados como particulares; organizan eventos de todo tipo y siempre contando con el aval y el apoyo de toda la comunidad, que visita, compra, participa y colabora con lo que la escuela propone.

Si bien se nota una tendencia aplicar el estilo de gestión compartido, en equipo, hay una fuerte presencia de quienes utilizan un estilo de gestión personal. Sería importante considerar un cambio de estilo, para proporcionar una apertura a la acción colectiva ya que la amplitud de miradas puede redundar en el mejoramiento de la escuela secundaria al darle un sentido transformador a lo que se hace. El trabajo en "equipo directivo" brinda otro apoyo en la gestión de la escuela, en la toma de decisiones y en las estrategias más apropiadas para conseguir recursos. Estamos en una etapa de cambios donde la dirección en soledad o como héroe de la conducción pone en riesgo la continuidad del proyecto escolar ante la ausencia de este director.

En conclusión

Durante el desarrollo del estudio afirmábamos que los directores de las escuelas actuales debían adaptarse para poder gestionar atendiendo a las situaciones y en el contexto que las rodea; podemos dar cuenta que realmente hacen grandes esfuerzos por lograr sus objetivos actuando de manera estratégica. Algunos con sus pocos años en la gestión han sabido desarrollar esta habilidad de pensar de un modo diferente para destacarse del común denominador del campo y gestar proyectos diferentes que mejoren su P.E.I y redunden, con la obtención de estos bienes materiales y simbólicos, en un beneficio directo a los alumnos. Por lo tanto, esta investigación desde la perspectiva planteada por Bourdieu confirma el uso, por parte de los directores, de estrategias como acciones conscientes, intencionales, para diferenciarse en la configuración social.

Podemos afirmar entonces, como resultante de la investigación que: Las estrategias de negociación que utilizan los directivos de las escuelas Públicas de Gestión Privadas de Nivel Medio de la Zona 6 de la Provincia de Córdoba con distintas agencias para obtener bienes materiales y simbólicos, son variadas, de múltiples formatos y son utilizadas en forma única o combinada. Que las emplea tanto el director que gestiona personalmente como los equipos directivos. Que se analiza estratégicamente, según la necesidad, que método utilizar y quien o quienes serán los encargados de realizar la gestión. Las agencias proveedoras de bienes materiales y simbólicos elegidas por los directivos también son variadas, pero tienen predominancia en esta zona las cooperativas ya que juegan un papel importante en la comunidad.

Al hacer una comparación con los resultados obtenidos en la investigación anterior realizada por el Dr. E. Bambozzi y otros en las escuelas medias de gestión Estatal de la Provincia de Córdoba, más cercanas a la capital, podríamos decir que algunas de las propuestas o proyectos institucionales son similares y tiene relación; que tanto en una como en otra se ponen en práctica estrategias para la obtención de recursos, pero las características diferentes de las zonas de estudio hacen que las agencias a las cuales se recurre tengan particularidades diferentes por lo tanto modos de abordajes distintos.

Conclusiones Finales

La publicación de esta nueva edición corregida y ampliada nos encuentra en un escenario donde la discusión del Anteproyecto de Ley Provincial de Educación (modificatoria de la 8113) se haya atravesada por la toma del espacio público por parte de los estudiantes secundarios quienes en un intento de hacer escuchar su voz exigen que la educación sea considerara un DERECHO y no un servicio del estado.

Ante esta situación, los directivos también se ven desafiados a promover espacios de participación democrática en el horizonte de construir un proyecto de orden colectivo o bien común. Entre tantas cuestiones, los directivos, en equipo, también están convocados a colaborar en la formación de una conciencia más democrática.

Si gestionar es generar las condiciones de posibilidad para que "las cosas ocurran"; esta investigación demostró que parte de la constitución de aquellas posibilidades transita por la implementación por parte de los directivos de las escuelas de nivel medio de acciones intencionales –estrategias-, destinadas a la obtención de bienes en pro de los proyectos institucionales.

El uso de acciones intencionales posiciona a la institución, "en otro lugar" en el marco de entender a la realidad no como un "hecho dado" sino como una construcción social por lo que la capacidad por parte de los directivos de problematizar (desnaturalizar) lo dado es fundante en este escenario.

Las estrategias – desplegadas de manera individual o grupal - buscan obtener bienes materiales y/simbólicos.

Según los ítems precedentes y acompañado de la documentación probatoria pertinente, la investigación realizada:

- demuestra que los directivos de nivel medio utilizan estrategias de negociación para conseguir bienes materiales y simbólicos;

- demuestra que las estrategias utilizadas son variadas;
- demuestra que los bienes materiales y simbólicos obtenidos son variados;
- demuestra que la obtención de estos bienes incide en el desarrollo del proceso educativo en lo concerniente a las dimensiones pedagógica- didáctica; administrativa y comunitaria.
- avanza en la construcción de dispositivos de formación para directivos en torno a temáticas ausentes,
- despliega la capacidad de problematización de la realidad y de la concepción del directivo como un actor social que construye trayectoria.

Como conclusión, el equipo evalúa de manera positiva el grado de consecución de los objetivos planteados y entiende que esta investigación ofrece nuevos conocimientos para transformar desde dispositivos de formación –en parte-, algunas prácticas de gestión.

Como objetivo logrado, entendemos que esta investigación ha permitido posicionar a nuestra Universidad Nacional de Villa María como una interlocutora pedagógica válida a la hora de pensar en dispositivos de formación para equipos directivos como así también, profundizar una línea de investigación que problematiza los distintos efectos regulatorios que generan las culturas institucionales en los sujetos.

Queda mucho por pensar y hacer; estamos en camino y siempre apostando a la construcción de Políticas Públicas de Inclusión.

Bibliografía sintética general

Ball, Stephen. *La micropolítica de la escuela. Hacia una teoría de la organización escolar*. Barcelona. Paidós, 1989.

Bambozzi, Enrique. *Escritos Pedagógicos*. Córdoba. El Copista, 2005.

Bambozzi, Enrique y Vadori, Glori. *Competencias Genéricas: la escuela media más allá de las disciplinas*. Villa María, Eduvim, 2009.

Butelman, Ida. *Psicopedagogía institucional. Una formulación analítica*. Bs.As. Paidós, 2001

Bourdieu, Pierre "Espacio social y poder simbólico" *Cosas Dichas*. Bs.As. Gedisa.

Bourdieu, Pierre. *El sentido práctico*. Madrid. Taurus, 1991.

Bourdieu, Pierre. *Razones Prácticas*. Barcelona. Anagrama, 1997.

Bourdieu, Pierre. *Capital cultural, escuela y espacio social México*. Siglo XXI, 1997.

Cantero, Germán y Celman, Susana. *Gestión escolar en condiciones adversas. Una mirada que reclama e interpela*. Bs.As. Santillana, 2001.

Crozier, Michel y Erhard Friedberg. *El actor y el sistema*. México. Alianza, 1990.

Duschatzky Silvia y Alejandra Birgin (comp.)*¿Dónde está la escuela?, Ensayos sobre la gestión institucional en tiempos de turbulencia*. Bs.As. Flacso. Manantial, 2001.

Frigerio, Graciela. (comp.) *De Aquí y de Allá. Textos sobre la institución educativa y su dirección* . Bs. As., Kapeluz, 1995.

Garay, Lucía. *Algunos conceptos para analizar instituciones educativas*. U.N.C, 2000.

Hargreaves, A. *Profesorado, cultura y postmodernidad*. Madrid, Morata, 1996.

Nicastro, Sandra y Andreozzi, Marcela. *Asesoramiento pedagógico en acción . La novela del asesor*. Bs.As. Paidós, 2003.

Pozner, Pilar. *El Directivo como Gestor de Aprendizajes Escolares*. Bs.As., Aique, 1995.

Santos Guerra, Miguel Ángel. L*a escuela que aprende*. Madrid, Morata, 2000.

Vadori, Gloria. "Articulación entre el nivel medio y el nivel superior universitario: un espacio para interrogar e interrogarnos" en Magallanes, Graciela y Melano, Silvia (comp.)*Escuela Media y Universidad*. Universidad Nacional de Villa María- Publicación de la UNVM, 2001.

Vadori, Gloria "¿Es posible enseñar lo que no se aprendió?" en *Educación General Básica. Los contenidos de la Enseñanza. Aportes para el debate metodológico y el análisis institucional*. Bs. As. Novedades Educativas, 1995.

Printed by Books on Demand GmbH, Norderstedt / Germany